$L b$ $\overset{54}{}$ 262.

LETTRES

POLITIQUES,

Dédiées aux Jeunes Gens;

PAR

M. CLÉOBULE de Rhodes,

Professeur de Philosophie.

1848.

Avignon.

TYPOGRAPHIE OFFRAY AINÉ.

LETTRES POLITIQUES.

Première Lettre.

Pouvoir, c'est d'abord savoir.

J'ai foi au cœur des jeunes gens, à leur amour de la vérité, à leur libéralisme éclairé, à leur patriotisme ; et c'est à eux surtout que j'ai dû m'adresser en voulant écrire pour et par des principes, en dehors ou plutôt au dessus de tous les partis.

Qu'y a-t-il, en effet, de plus élevé humainement que les principes, par lesquels Dieu règne sur les ames avec douceur et force ?

Je donne donc les mains à ceux qui, depuis quelques années, font un appel à tous les bons esprits, à tous les cœurs honnêtes, à toutes les nobles et puissantes ames pour créer enfin un parti véritablement national et le seul digne de la nouvelle France.

Nos temps sont philosophiques : et c'est pour cela que nous voulons tous la liberté de la pensée, de la parole et du culte, avec des représentans élus, à tous les degrés de la hiérarchie administrative.

La passion peut conspirer pour un parti, mais c'est la science seule qui constituera la France et qui la gouvernera.

Or, pour qu'elle ait ses élus et qu'elle accomplisse par eux ses destinées, il lui faut le cœur des jeunes gens, sans qui, du reste, il ne s'est rien fait et il ne se fera jamais rien de grand en politique, comme l'a dit M. de Maistre.

Il nous faut des hommes qui n'aient pas leurs principes par un parti, mais qui n'aient un parti que pour leurs principes : et la France sera sauvée, et avec elle, l'Europe.

Il y a déjà soixante ans que les partis politiques de la France s'agitent violemment et comme dans le sang pour s'arracher, tour-à-tour, le sceptre : pourquoi ? pour leur intérêt.

C'est sur des passions et non sur des principes qu'ils comptent, ou sur le nombre de leurs adhérens, sur l'intrigue et sur l'audace.

Il est évident par tout ce qui se passe, que la France ne peut avoir de paix que par un concours pacifique et éclairé des représentans de toutes les classes ; mais les partis ne voient pas la France, et ils n'agissent que pour et par les intérêts d'une seule classe.

Horace disait : que peuvent les lois sans les mœurs ; et moi, je dirais plutôt : que peuvent-elles sans l'esprit de ceux qui les font?

Solon disait : Mes lois seront assez bonnes, si elles conviennent à ceux pour qui elles sont faites. Les législateurs doivent connaître leur temps ; et ils ont besoin de génie. Si la nature seule, pour ainsi dire, suffit aux individus, il faut beaucoup d'art aux sociétés pour pouvoir vivre ; et si les animaux ne vivent point en société, c'est seulement parce qu'ils manquent de raison.

Sans doute la nature nous appelle à vivre en société, mais à la condition de tout y organiser avec beaucoup de science. La nature constitue, l'instinct gouverne l'individu ; mais l'art seul constitue et gouverne les sociétés, à l'exemple de la nature.

L'état social est en effet artificiel ; il n'est qu'une imitation ; et l'on peut définir la société : un homme en grand, qui a son ame, son cœur, sa raison et son sens ; ou sa souveraineté, son administration, sa représentation et son électorat.

On comprend donc pourquoi l'ignorance doit conduire les peuples droit à la barbarie, et celle-ci à l'état de sauvages, si des conquérans ne les condamnent à un état d'esclaves. Le temps des grandeurs sociales pour un peuple fut et sera toujours celui de ses grandeurs littéraires.

Si la concupiscence est le mal essentiel des individus, l'ignorance est celui des sociétés.

Donc pouvoir, c'est d'abord savoir.

Lisez l'histoire de nos révolutions ; et vous verrez que ce sont les grands esprits plutôt que les grands cœurs qui ont manqué à la France. Nous avons eu des héros dans nos champs de batailles et même pour des troubles civils ; mais il n'y a guère eu que des rhéteurs pour la tribune, et que des sophistes dans la presse, pour constituer la France.

C'est l'esprit de Voltaire *dévorant tout sans rien digérer*, ou sachant un peu de tout, mais assez de rien, qui a fait notre siècle : ce siècle ne pouvait donc être fécond en orateurs et en savans véritables.

Cinq révolutions déjà ont, depuis 1789, couvert notre sol de ruines sanglantes ; et huit projets de constitution ont été fort péniblement élaborés, sans qu'on ait cru devoir s'arrêter à aucun : nos efforts ont été gigantesques et vains ; et l'on en est aujourd'hui à un neuvième projet dont peu de personnes sont satisfaites, et que l'on vote d'urgence lentement.

Qui croirait que nos représentans ignorent encore que les nations passent par différens âges comme les individus ; et qu'il est pour elles un dernier âge qui, résumant tous les autres, opère un concours de toutes les forces sociales, avec une union souveraine de toutes les classes ; et que même c'est pour ce concours glorieux et pour cette union sublime que le génie des révolutions, les pieds dans les enfers et la tête dans les cieux, a ébranlé les colonnes et a arraché les fondemens de notre vieil édifice ?

Qu'espérer donc pour l'avenir si nous avons des assemblées législatives sans foi aux principes premiers de la science sociale ? Pourquoi ne faire d'élections que pour son parti, au lieu de n'en faire que pour la France ? Les votes du peuple sont aveugles ou forcés ; ce sont des comités qui les dictent. En fait, les chefs-lieux, de département font les élections, et au chef-lieu une coterie. On recueillera selon qu'on a semé : on sème du vent, on recueillera les tempêtes.

On veut une *république démocratique*, ou pour une classe : c'est absurde. C'est de plus contre l'esprit du temps.

Hélas ! sommes-nous aux jours où, selon le vœu impie de l'abbé Raynal, le génie de l'enfer, promenant avec un niveau de plomb un glaive exterminateur sur toutes les existences, *abaissera tout ce qui s'élève, élèvera tout ce qui est abaissé*, et transformera ainsi les opprimés en oppresseurs, pour faire des esclaves d'hier nos tyrans d'aujourd'hui ?

Connaissons mieux nos temps et soyons frères.

Du reste, c'est moins notre cœur que notre esprit qui a failli : ce sont de faux sages et non des chefs de parti qui creusent des abîmes sous nos pas.

Liberté, égalité, fraternité : c'est là l'oracle par lequel l'esprit de Dieu a prophétisé sur nous : mais il faut en comprendre le sens et le réaliser ? Les sociétés mangent, elles aussi, leur pain à la sueur de leur front ; et leur vie n'est qu'un long combat, *militia est vita hominum*.

Ne dirait-on pas même, à voir leur histoire, qu'il y a un fatal génie qui, comme le sphynx de la fable, leur propose, de loin en loin, de mystérieuses et redoutables énigmes.

Le sort des peuples est donc plus grand qu'on ne le pense communement ; et cela vient sans doute de ce que nous jouons avec les destinées du temps nos destinées immortelles.

Il y a en effet un règne de Dieu, dont la politique ne se doute même pas, quoiqu'il domine tout autre règne. La société des hommes est une société d'abord d'ames, que Dieu régit librement, pour si inférieures ou élevées qu'elles soient.

On s'étonna de la chute de Bonaparte, dont la gloire avait rempli le monde, de celle de Charles X, détrôné au bruit des canons victorieux d'Alger ; et de celle de Louis Philippe, si fier de ses nombreux enfans et de sa grande majorité de conservateurs : mais, outre une force naturelle de choses, il y avait un jugement de Dieu, pour qu'ils expiassent par leur chute leur ignorance des choses sociales du temps.

C'est, en effet, pour avoir voulu ne régner que par quelques-uns qui avaient un sabre et de la gloire, que Bonaparte tomba ; Charles X, pour avoir voulu ne régner que par quelques-uns qui avaient un nom et de la foi ; et Louis Philippe, que par quelques-uns sans foi et sans gloire, corrompus et corrupteurs, qui faisaient servir la parole à déguiser la vérité, et leur libéralisme à tuer la liberté même.

Or il s'agissait, comme aujourd'hui, de rallier tous les partis à un seul, qui eût à sa tête les élus de la nation, et sur son drapeau ces mots sacramentels : *liberté*, *égalité*, *fraternité ;* ou ces autres qui sont connus de tous : *in dubiis libertas, in necessariis unitas, in omnibus charitas.* Indépendance pour les opinions, communauté pour les principes, et amour en toute chose : voilà l'esprit du temps.

Là est le salut de la France.

Souvenons-nous bien qu'il y a trois principes souverains en politique : la Providence de Dieu, l'opinion des sages, et la nature des choses, dont la triple et indomptable voix demande aujourd'hui que toutes les classes, sans cesser d'être, ne fassent qu'un seul peuple représenté.

Donc la science de ces trois principes modérateurs et suprêmes, est la première en politique ; et il n'y a pas de grand homme, s'il n'est d'abord métaphysicien.

Toute société, faite à l'image des hommes qui la

composent, a son ame ; or, toute ame vit d'abord de principes, qui sont pour elle ce que les rayons du soleil sont pour le corps.

Donc, nul corps ne pouvant vivre sans son ame, conspirer contre les principes de la société, c'est conspirer contre la société elle-même.

Le scepticisme tient, en effet, levé sur notre tête le marteau des révolutions, et il tourne contre notre poitrine le poignard des factieux.

Donc la chose la plus salutaire c'est d'étudier les principes, et la plus grande, c'est de les défendre.

Deuxième Lettre.

Connais les temps.

Qu'est-ce qu'un principe ? beaucoup de gens l'ignorent.

En fait , et politiquement , un principe , c'est tout article d'une charte écrite ou non écrite.

En raison , c'est toute vérité première de l'ordre social.

C'est toute loi essentielle et révélée à tous par une autorité inviolable , ou par la nature des choses , ou par l'opinion des sages.

Enfin , c'est tout ce qui nous oblige publiquement pour que nous méritions le nom de citoyens , ou de bons français.

Le premier principe , pratiquement , c'est sans doute le patriotisme lui-même , qui se manifeste par des actes héroïques, jusqu'à sacrifier la vie : « Passant, » Va dire à Lacédémone que nous sommes morts » ici pour obéir à ses saintes lois » lisait-on sur le tombeau de trois cents Spartiates , aux Thermopyles.

Mais le patriotisme le plus grand sera celui des gouvernans joignant à la vertu la science, qui a ses principes comme la vie a ses lois.

Or , la première des lois dans la vie sociale , c'est que toute société passe par différens âges, comme les individus.

Donc , la souveraineté nationale , quoique une en principe , comme la nation , doit changer néanmoins de formes , comme le régime de vie chez les individus.

Il n'y a pas d'individu qui ait vécu sa vie , sans passer par les cinq âges : de l'enfance , de l'adolescence, de la jeunesse, de l'âge mûr, et de la vieillesse, et enfin par la décrépitude, qui défait pièce à pièce l'édifice de la nature pour en cacher les débris impurs dans un tombeau.

Il n'y a pas eu non plus un seul peuple qui ait vécu sa vie sans familles, sans communes, sans provinces, sans capitale, sans corps de nation ; et qui n'ait subi successivement et progressivement, l'influence, non pas exclusive, mais prédominante : 1°. du peuple des familles ; 2° de la bourgeoisie des communes, 3° de l'aristocratie des provinces ; 4°. du sacerdoce politique des hommes à principes de la capitale ; 5° enfin des corps organisés et représentatifs de la nation.

Il y a donc plusieurs âges pour chaque peuple, comme pour le genre humain, dont les âges diffèrent de ceux d'un peuple, comme les âges d'un peuple, diffèrent de ceux de l'individu.

Quel est l'âge de notre France ?

Il est facile de le dire.

C'est la famille, ou le peuple qui dominait, quand le soldat, à la fois prolétaire, laboureur, législateur et électeur souverain, élevait ses chefs sur le pavois ; c'est la commune ou la bourgeoisie, quand un maître d'école, le moine Alcuin marchait presque l'égal de Charlemagne, qui recommandait à ses inspecteurs *que les chefs des communes, fussent élus par tous les habitans* ; c'est la province, ou l'aristocratie, quand chaque seigneur féodal, changeant sa maison en château, et son château en palais, était à la fois gouverneur, général et roi ; enfin c'est la capitale, ou le sacerdoce des hommes à principes, quand Louis XIV, entrant en bottes au parlement, osait dire : L'Etat c'est moi ; ou qu'un roi d'Espagne signait : Moi le roi.

D'où il suit évidemment, si l'on veut que la France progresse, ou vive, qu'il faut qu'enfin elle règne par elle-même , ou soit représentée véritablement pour tous.

Comment se fera cette représentation ?

C'est pour la solution de ce grand problème. que cinq révolutions ont déjà eu lieu , et que nous sommes menacés de plusieurs autres , jusqu'à ce que nous ayons compris notre temps et les lois essentielles de la vie.

Y a-t-il un parti qui ait compris ces choses ? Demandez-le à la longue histoire de nos malheurs , aux incertitudes cruelles de l'Assemblée nationale , et au régime de terreur , qui gouverne Paris ?

La nation pour les hommes de 93 c'étaient les terroristes ; pour les hommes de l'Empire , l'armée ou l'empereur ; pour les hommes de Charles X , les prêtres et les grands ; pour les hommes de Louis Philippe , les universitaires et les bourgeois ; et pour les hommes de février , les ouvriers seulement.

Mais la nation pour nous , et selon les lois invincibles de la vie progressive des peuples , ce sont aujourd'hui toutes les classes organisées en un seul corps et représentées pour ne faire qu'un état. La nation , ce sont la famille , la commune et la province avec la capitale en une république qui concilie tous les intérêts, qui associe tous les principes, et qui résume tous les temps.

Oui , le véritable souverain ce sont les chefs de famille , de commune et de province , ne faisant qu'un avec des chefs de capitale. Mais il s'agit d'assigner à chaque chef ses attributions et de les lui faire accepter.

Il fallait un Napoléon pour la liberté , et il n'y en a eu que pour le despotisme. C'est la parole avec la vertu , et non pas le sabre avec la corruption qui constitueront la République. Et tant que cette vérité sera méconnue , nous serons condamnés à des efforts héroïques et impuissans, ou aux grandes douleurs d'un enfantement continu et stérile.

Mais ne faudra-t-il pas qu'à la fin la reine de la civilisation s'épuise, qu'elle languisse et qu'elle tombe?

Or, mourir pour un peuple ce n'est pas cesser d'être, mais se transformer religieusement, politiquement, littérairement ; et comme Bonaparte a déjà prédit que dans 50 ans nous serions républicains ou cosaques, il est permis d'affirmer que si nous ne savons pas organiser, harmoniser et gouverner *la chose publique* selon le temps, nous serons livrés fatalement au glaive de hordes conquérantes d'abord, et ensuite au bâton de maîtres barbares?

O Français, battez-vous donc entre vous, faites des barricades et ne veuillez de constitution que pour un seul parti ! Les cosaques viendront !

Oui, par une des lois invincibles de la nature et de la providence, tous les peuples corrompus ou vieillis furent assujettis aux peuples guerriers : les Babyloniens, aux Perses ; les Perses, aux Grecs ; les Grecs, aux Romains ; les Romains, aux Gaulois, aux Germains, aux Goths ; et les Gaulois, aux Francs.

Nous ne nous soustrairons pas à notre sort.

Il y a le génie invincible des nations qui plane sur leur tête, une balance et un glaive à la main, en criant à chacune : Marche, marche, marche. Or, si elles restent sourdes à sa voix, il les livre sans pitié à la mort, qui les frappe l'une après l'autre *comme un vil troupeau dont elle est le pasteur.*

Troisième Lettre.

L'expérience surpasse la science.

Je ne veux de république ni *démocratique* ni *monarchique*, ou avec des privilèges pour une classe : je veux la république pour tous, ou la chose avec le mot, ou une constitution qui rappelle et représente tous les temps, et qui fasse concourir toutes les forces vitales d'un grand peuple, pour que de ce concours glorieux résulte la force la plus grande qui ait jamais été.

Voilà ce que veulent avec moi les faits ; et qu'y a-t-il de plus éloquent, de plus opiniâtre et invincible que des faits ? Au temps où les prêtres et les grands étaient proscrits, et qu'il y avait une loi de suspects même contre la bourgeoisie, j'aurais demandé un gouvernement populaire ; et sous Louis XIV ou sous Bonaparte, qui tenaient la France dans leurs mains, j'aurais accepté un pouvoir monarchique et même héréditaire : mais les temps sont changés ; et il n'y a plus d'institutions possibles aujourd'hui qu'avec la grande loi de notre droit public : *lex fit consensu populi et constitutione regis.*

Tous les privilèges ont fait leur temps ; et en admettant qu'un roi remonte sur le trône, je crois que ses fils ne lui succèderont qu'avec le consentement de la nation, qui est souveraine.

Je ne comprends pas, en effet, que le droit puisse rester à une nation s'il passe dans les mains d'une seule famille. Il n'y a de souveraineté *républicaine* qu'élective, comme elle l'a été à l'origine et comme elle l'est dans l'église, et même dans la famille, où le droit d'aînesse n'appartient plus à personne, et le

préciput , qu'à celui qui plait au chef de la famille :
or le chef de la grande famille , qui est appelée nation , n'est-ce pas , la nation même , représentée par
des électeurs , par des législateurs et par des gouvernans ?

Il y en a qui confondent la politique avec la morale , dont elle n'est qu'une application au gouvernement armé des états : la morale est immuable , et
la politique change avec les faits.

Il y a trois sortes de politique qui n'ont en vue que
les faits , ou l'intérêt , la gloire , et le pouvoir ; il y
en a une quatrième en vue des principes , qui sont
nécessaires pour que l'intérêt ne soit pas corrupteur ;
la gloire , prodigue d'or et de sang ; et le pouvoir ,
oppressif.

Mais la politique seule véritable , et qui s'accorde
seule d'ailleurs avec notre temps , c'est celle qui voit
des principes avec des faits.

Quels sont les orateurs qui représentent , de nos
jours , les différens genres de politique ? Ce sont
Thiers, Lamartine, Guizot, Royer-Collard et Berryer.

Quel est le plus parfait de ces orateurs ?

L'éloquence de Thiers s'appuie principalement sur
l'intérêt , elle parle aux sens , elle plaît et attire ; celle
de Lamartine , sur la gloire , elle est toute dans les
idées , elle charme et entraîne ; celle de Guizot , sur
le pouvoir , elle en appelle aux forces sociales , elle
passionne et domine ; et celle de Royer-Collard ,
qui s'appuie sur la raison , vient des principes , con-
vainc et ravit : mais seule , celle de Berryer nous attire, nous entraîne, nous captive et nous ravit , parce
qu'elle s'appuie sur l'homme tout entier et comme il
convient à notre temps. Elle est seule française , nationale , *républicaine* ; et voilà pourquoi elle enthousiasme tous les partis.

La première fois que Royer-Collard entendit cet
orateur , il dit : « c'est plus qu'un orateur , c'est une

puissance ; » et il avait raison. Berryer porte la France dans son cœur ; c'est devant l'image sacrée de la patrie qu'il parle : c'est là tout le secret de sont art. Il est grand citoyen avant d'être grand orateur. Que lui manque-t-il donc ? De faire passer dans ses actes, ses sentiments et ses paroles. Qu'il soit, non pas l'homme d'un parti, mais l'homme de la nation, comme il convient à ses gentilshommes (*gentis homines*), qu'il représente.

Il faut un parti national, qui domine tous les autres, si l'on veut sauver la France, et gouverner *la chose publique.*

Mais pour cela il y a les erreurs les plus graves à détruire, en fait surtout de souveraineté.

Qu'est-ce que la souveraineté ? on ne le sait plus aujourd'hui.

Quel est son principe ? c'est demander quelle est son origine ? Qu'on interroge les faits ; et ils révéleront son essence.

C'est la nature surtout, qui la crée dans la famille; l'élection surtout, dans la cité ; l'autorité surtout, dans l'état ; les principes surtout, dans la société des sages, des héros et des prêtres, ou dans l'ordre moral: voilà ses origines.

Donc la souveraineté seule vraie et qui, (nulle société ne pouvant exister sans familles, sans communes, sans provinces et même sans église), suffit seule à tout, c'est celle qui ne vient pas seulement de la nature, ou de l'élection, ou de l'autorité, ou même des principes ; mais qui a pour elle les principes et les faits, le droit et les choses, Dieu et les hommes.

Ni l'ame sans un corps, ni le corps sans une ame ne sont humains : il faut les deux.

En d'autres termes, que la souveraineté, pour vivre de la vie des peuples, ait un corps et une ame comme ceux-ci ; et que sa personnalité soit une en principe, et triple dans sa forme comme la personnalité de chacun de nous.

La personnalité humaine dépend, en effet : 1° de la science, qui s'inspire ; 2° de la raison, qui délibère ; 3° de la liberté qui agit.

Donc la souveraineté, pour être humaine socialement, doit *s'inspirer* par l'électorat ; *délibérer* par la représentation ; et *agir* par le gouvernement.

La souveraineté n'appartient donc pas seulement aux électeurs, seulement aux représentants, seulement aux gouvernants, mais à ces trois corps suprêmes, et tous trois nécessaires pour que la souveraineté soit nationale.

Donc, la nécessité d'ailleurs étant la première des lois, le gouvernement provisoire, par qui l'électorat organisé avait enfanté une représentation, ne devait pas constitutionnellement et ne pouvait pas politiquement se dépouiller devant celle-ci de tous ses droits.

Il a donc méconnu la grande loi de salut public, *salus populi*, *suprema lex esto*, pour et par laquelle seule il avait décrété des élections générales ?

Il y a donc eu ignorance ou lâcheté.

Louis XVI laissa lui aussi, briser le sceptre dans ses mains par des corps délibérans ; et il paya de sa tête sa faiblesse ou son erreur, avant notre gouvernement provisoire, décapité, pour ainsi dire, deux fois par l'Assemblée nationale, et dont le tronc a été enfin jeté comme un défi aux ouvriers des barricades.

Jadis, quand nos princes entraient dans une de nos cités, le maire leur en offrait les clefs, qu'ils se faisaient un devoir et un plaisir de lui rendre : pourquoi donc n'avoir pas agi ainsi envers nos gouvernans jusqu'au vote solennel de la constitution ?

Ils avaient ouvert des ateliers nationaux, dira-t-on ; et ils avaient attiré cent mille ouvriers dans Paris ! C'est par les gouvernans eux-mêmes qu'il fallait faire fermer ces ateliers et renvoyer ces cent mille ouvriers.

On gouverne une révolution avec des révolutionnaires : oui, et nous n'aurions eu ni une violation sacrilége du sanctuaire des lois au 15 mai ; ni une guerre fratricide au 23 juin ; ni les troubles horribles du présent, gros d'un avenir que Dieu seul connaît !

Nos décemvirs souverains ont trahi les principes, mais ils en ont subi la redoutable sanction : ils ne se sont pas égarés seuls, seront-ils seuls punis ? Certes, l'abîme des révolutions n'est pas encore fermé sous nos pas, et la foudre n'a pas cessé de gronder sur nos têtes.

Il y a eu un mouvement républicain et même socialiste, avec une grande victoire qui a renversé un trône, dont la chûte a ébranlé l'Europe : qui arrêtera ce double mouvement ? Elevez digues sur digues contre le torrent, les eaux monteront, monteront, monteront ; il faudra bien qu'elles débordent.

On doit donc donner une solution pacifique des problèmes du socialisme ; ou il couvrira tôt ou tard l'univers de ruines sanglantes.

Il est facile, aujourd'hui que les travailleurs affamés du Luxembourg, et désespérés des barricades, ont compromis les gouvernants de février, de jeter sur ceux-ci le blâme et l'anathème : mais que pouvez-vous sans les hommes de février?

Pour des temps nouveaux il faut des hommes nouveaux : où sont-ils? vous n'en avez plus que de médiocres ou d'impossibles.

Prenez garde à ceci :

1°. Les élections générales ont été faites non point par la France et pour un triomphe législatif, mais par des comités et pour un succès de parti.

2°. Des quatre listes électorales de chaque département une seule ayant fait les élections, il n'y a donc eu d'élus pour chaque département que les hommes capables d'un seul parti.

Donc le quart des esprits éminents de la France

fera des lois devant les trois autres quarts qui les juge-
ront.

Ce n'est pas là de l'ordre, mais du désordre.

Ce n'est pas la république, mais l'oligarchie qui
règne avec un tel système d'élections.

Ayez un autre gouvernement, ou soyez vrais : le
pire des maux, c'est l'abus d'un grand bien. Ou ne
couronnez point le peuple, ou ne vous jouez pas de lui.

Aussi, voyez comme le peuple fait : aux dernières
élections, les deux tiers des électeurs n'ont pas voté.

O vaincus de 1815, de 1830 et de 1848, qui pleu-
rez trois trônes ensevelis dans la poudre, c'est pour la
liberté seule que Dieu, la nature et l'opinion les ont
renversés ; et qui peut dompter l'opinion, la nature
et Dieu ?

Souvenz-vous des champs de Waterloo et du château de Blaye ! Vous ne vaincrez pas en deux jours
Dieu, la nature et l'opinion

La France ne revivra qu'avec la liberté, et celle-
ci que par le peuple.

La république est donc nécessaire.

On dit qu'Antée, fils de la terre, pressé dans les
bras nerveux d'Hercule, retrouvait toutes ses forces
en touchant au sein maternel ; et qu'Hercule ne l'é-
touffa qu'en le soulevant au dessus de la terre : ainsi
en sera-t-il de la société. Sortie du peuple, elle se re-
nouvellera par le peuple seul.

L'air des régions supérieures est depuis long-temps
empoisonné ; c'est le souffle populaire de la liberté
qui le purifiera. Le peuple ne suffit point ; mais on
ne peut rien aujourd'hui sans le peuple.

Et si vous ne croyez pas à mes paroles, croyez à
la science et à l'éloquence des faits.

Quatrième Lettre.

On guérit le mal dans ses causes.

L'existence des individus, avons-nous dit, est dans les mains surtout de la nature ; et celle des sociétés est dans les mains surtout de l'art.

Les anciens définissaient l'homme : *un animal qui raisonne* ; et les modernes : *une intelligence servie par des organes.* Les derniers n'avaient en vue que l'homme sauvage ; et les seconds, que l'homme social.

N'est-ce que l'homme sauvage qu'on a en vue aujourd'hui en politique, où les uns n'ont foi qu'au sabre d'un empereur ; et les autres, qu'au marteau du terroriste ; ceux-ci, qu'à la parole qui ment ; et ceux-là, qu'à l'or qui corrompt ; quelques-uns, au monopole des centralisateurs ; et quelques autres, à l'arbitraire et à l'intolérance des censeurs et des inquisiteurs ?...

C'est avec plus de savoir sur l'homme qu'il faut comprendre la société, si l'on veut guérir ses maux.

Nous sommes tous nés pour vivre en société, mais pour y vivre avec raison ; car, faite librement par nous et à notre image, elle est l'œuvre la plus puissante du génie humain, qui sait de tous les individus, de toutes les associations, et de tous les états ne former qu'un individu, qu'une association et qu'un état, sans nuire, ni aux intérêts, ni aux honneurs, ni aux libertés de personne en particulier.

Quant à l'organisation même du corps social, elle serait fausse si le corps social n'avait par elle :

1° Une tête pour centraliser la vie, ou pour l'élever en haut avec l'ame qui y réside ;

2°. Un cœur, l'agent universel de la vie, pour laquelle il bat sans cesse ;

3°. Une parole, ou des facultés impressives et expressives, qui nous font vivre pour et par les autres;

4°. Un sens, qui s'inspire de Dieu, de l'humanité et de la nature, sous les noms de conscience, de bon-sens d'instinct.

En d'autres termes, il faut à toute société pour être humaine :

1. Une constitution ou une charte, qui l'organise;

2. Un gouvernement central, qui en est l'ame ;

3· Une administration départementale ou provinclale, qui en est le cœur ;

4. Une représentation, qui en est la parole ou la raison ;

5. Un électorat, qui en est le sens.

C'est en connaissant, ces principes de la vie sociale, que nous connaîtrons les causes du mal, et aux quelles il s'agit d'apporter remède, d'après le mot connu d'Ovide : *principiis obsta.*

On m'objectera peut-être que j'élève trop haut la question ; mais je ne l'élève qu'à sa hauteur. Du reste, je suis fatigué de la voir rabaisser au niveau des passions frivoles, ou brutales.

Il faut aujourd'hui au peuple souverain une raison souveraine, pour qu'il nous sauve par ses vertus.

Dirai-je tout ce que je pense ? Souvenons-nous de ce que nous ont révélé la chambre des Pairs, cinq révolutions sanglantes et l'histoire secrète et publique des partis : et l'on sera forcé d'avouer que la France administrative a été pour plusieurs, comme un magnifique festin sur lequel des harpies affamées et impures s'abattaient, comme une vaste forêt que des brigands se disputeraient et comme un théâtre sur lequel des comédiens joueraient le peuple lui-même pour son or.

Il ne faut pas cependant exagérer le sens de ces

figures ; car j'ai foi au présent et à l'avenir du pays. Mais une nation, qui est le cœur de l'Europe, comme celle-ci est le cœur du monde, s'épuise depuis soixante ans en efforts gigantesques et vains pour faire une constitution, qu'elle ne sait pas faire, non pas faute, d'hommes capables qu'elle pourrait appeler, mais par surabondance d'hommes incapables qui s'appellent eux-mêmes.

Je sais que Virgile a dit des enfantemens doulouloureux de la puissance romaine :

Tantæ molis erat romanam condere gentem.

Espérons-donc toujours, pourvu cependant qu'un neuvième avortement ne brise à la fin les forces de la grande et glorieuse nation.

Pour faire une constitution, il faut une majorité de véritables constituans ; les avez-vous ? Que chaque département s'interroge lui-même ; et qu'il sache que pour guérir les maux de la société, il faut connaître d'abord les lois du corps social : c'est évident. Car que dirait-on, si, faisant un appel à tous les Français pour la guérison d'un grand prince, il se présentait des hommes dont la plupart ne seraient pas même médecins ? seraient-ils acceptés par la France ?

Nous courons donc le risque certainement de n'être pas encore constitués cette fois-ci : puissions-nous du moins l'être à demi ! Car, j'en crois Bonaparte disant que si nous ne sommes pas républicains nous serons Cosaques.

Je viens d'indiquer notre premier mal, le plus grand de tous sans doute.

Le second, c'est celui d'une centralisation sans principes.

Les principes, *ou vérités générales, évidentes pour tous*, sont nécessaires, en effet, pour consacrer l'autorité d'un seul ou de plusieurs sur une multitude, et pour régler l'exercice de cette autorité.

Or , de principes il n'y en a guéres plus pour la grande majorité des français.

Peut-il y avoir alors un gouvernement central? non , mais seulement une bureaucratie absolue et des commis·, ou une dictature et des proconsuls.

Je ne fais même un crime de cela à personne , c'est le mal de la chose même.

Quant aux principes , ils sont de foi et de raison ; et , enseignés par des prêtres et par des sages , ils fondent une religion et une philosophie pour lesquelles il y a une église et une université nécessaires.

Que sont l'Eglise et l'Université aujourd'hui ?

Elles sont ce qu'elles étaient , non avant 1789 , mais sous Bonaparte ; elles sont sans les garanties essentielles d'autrefois où les prêtres et les professeurs ·étaient libres pour le bien. Les évêques et les recteurs ne pouvaient pas seuls toute chose avec le pape , et le grand maître.

Du reste , c'est avec amour que je dis ces choses. Je désire le triomphe de l'Eglise et de l'Université : mais la vérité seule peut les rendre libres , *veritas liberabit vos ;* et c'est pour cela seulement que je la dis.

Il n'y a pas de prêtre , ni de professeur qui ne pensent tout bas ce que je dis tout haut : pourquoi serais-je donc coupable , quand l'évêque de Digne , aujourd'hui archevêque de Paris , a rendu par ses actes un témoignage bien plus éloquent que mes paroles contre l'état actuel des choses !

Une querelle des plus violentes est née entre l'Eglise et l'Université : est-ce là ce qui les sauvera ?

Il nous faut surtout des vertus et non pas seulement des passions.

M. de Lamennais fit un bien beau livre contre l'indifférence en religion et contre le scepticisme en philosophie : on lui donna raison , surtout religieusement, mais sans se convertir ; et lui aujourd'hui n'est qu'un apostat.

Ce sont des institutions réformées selon le temps, et non pas seulement de beaux livres qui rendront à la France tous ses principes et qui la sauveront.

Qu'au lieu de se battre entr'elles, l'Eglise et l'Université ne songent donc qu'à elles-mêmes.

Il y a un troisième mal, qui tient au cœur de la société, ou le mal des jeunes-gens du monde et des administrations, auxquelles ils se destinent et qui de fait ne peuvent rien sans eux.

L'Université apprend tout hors les fonctions et les états ; et les jeunes-gens entrent dans les places sans épreuves, et ils en sortent sans jugements ; de manière que les hommes de l'Etat proprement dit sont les seuls qui soient sans état.

C'est aussi funeste qu'absurde.

Vous aurez des esclaves, aurez-vous les héros de l'ordre public ? Et est-il gouvernement qui se suffise sous de grands cœurs dont *partent de grandes pensées ?*

Il n'y a guères que deux écoles universitaires ouvertes sans concours à tous les jeunes-gens du monde, pour qu'ils se préparent à un état ; ce sont celles de droit et de médecine. Qu'y font la plus part d'entr'eux ? du jeu, du plaisir, de l'émeute et des dettes, qu'ils accroissent plus tard dans leurs villes natales, faute de malades et de plaideurs, qui ont besoin qu'on ait du savoir et des vertus avant tout.

Or, des jeunes-gens de cœur et sans travail, d'honneur et sans argent, d'intelligence et sans fonction, peuvent-ils être pour ce qui est ? non. Ils conspireront contre une société marâtre ; ils se feront socialistes. Et voilà comment naissent les révolutions, qui prennent pour victimes ceux qui les ont causées les premiers.

J'avais été couronné vingt fois dans les colléges, dit

M. Victor Hugo ; et , en entrant dans le monde , je pensai sérieusement au suïcide : je n'avais pas appris pour avoir de quoi vivre.

J'ajoute que, l'industrie et l'administration n'étant pas enseignées comme les lettres , il en sera d'elles comme des terres sans culture , ou d'arts qui seraient livrés à des barbares.

Donc notre nation doit s'appauvrir et se corrompre de plus en plus , faute d'écoles pratiques pour la science des états.

Il y a un quatrième mal , celui de la parole publique , ou des orateurs , des journalistes et des tribuns, les représentans libres ou officiels de la nation.

Nos temps sont philosophiques , et l'instruction se popularise de plus en plus. Il est donc nécessaire aujourd'hui où jamais, que l'opinion, *reine du monde*, ait sa part de souveraineté et de gouvernement. Les anglais ont compris cela déjà depuis long-temps ; et c'est un des secrets de leur puissance et de leur gloire.

Oui , il est bon que l'opinion règne avec ceux qui portent le glaive , pour qu'elle ne conspire pas contre eux.

Toutefois , la souveraineté étant une , l'état doit chercher à régner sur l'opinion elle-même.

Il y a une justice arbitrale , une armée civique , et un enseignement privé , qui doivent servir pour la justice , pour l'armée et pour l'enseignement de l'état : pourquoi donc n'y aurait-il pas aussi une parole opposante qui ne servirait qu'au triomphe de celle des défenseurs de l'Etat ?

Si l'opposition était plus éloquente à la tribune , plus savante dans les journaux , et plus influente dans les clubs, c'en serait fait de l'Etat ; il y aurait révolution : il faut donc qu'elle ne domine pas.

La parole c'est un glaive à deux tranchans ; c'est le plus grand des biens ou des maux ; et il y a un monde de bénédictions ou de malédictions par elle. Elle élève une nation jusqu'aux cieux, ou elle la plonge jusque dans des abîmes.

Nous dirons plus bas comment l'Etat peut et devrait faire de la presse un de ses plus puissans instrumens de règne et de civilisation.

Reste le dernier mal, qui n'est pas le plus grand, mais qui le deviendra sans doute par l'aveuglement des municipalités d'une part, et par l'audace des révolutionnaires de l'autre : ce mal c'est celui de l'ouvrier sans forces, ou sans travail, ou sans salaire suffisant dans l'atelier, sans science ou sans direction dans le club, sans patriotisme ou sans indépendance dans le bureau électoral. Or, quand l'ouvrier souffre c'est l'estomac du corps social qui souffre ; quand le clubiste, c'est l'œil du peuple qui est dans les ténèbres ; et quand l'électeur, c'est comme la voix publide Dieu qui se tait, et l'inspiration qui s'éteint.

Mais si la force morale est détrônée ; si la force intelligente est obscurcie ; si la force vitale est brisée, que peut le peuple pour la France, ou la France sans le peuple ?

Nous ne lèverons pas tout à fait le voile qui couvre les maux du peuple : ces maux d'ailleurs ne sont pas sans remède. Il s'est fait déjà du bien par des sociétés philantropiques ou charitables : mais j'entrevois des catastrophes épouvantables, si, au lieu d'aller au devant des abus, les cités ne font qu'accroître leurs charges, qui retombent de tout leur poids sur la tête des prolétaires, ou des consommateurs.

La vie devient de jour en jour plus chère ; le luxe, plus effréné ; et les contributions, plus intolérables. C'est pourquoi les révolutions futures seront non pas politiques mais sociales, ou non dans le gouvernement mais dans la commune. Ce sera la souveraineté absolue du peuple transportée dans l'industrie sous le nom de communisme.

Hélas ! hélas ! le sol tremble déjà sous nos pas ; il y a de sourds mugissemens ; des nuages sanglans s'amoncèlent du côté du nord ; le tonnerre gronde ; et le vent des tempêtes arrache les vieux chênes de la forêt , et ébranle les fondemens des montagnes : que doit-il advenir ?

Cependant on embellit les places de nos cités , on construit de magnifiques théâtres et l'on fait de riches emprunts ; on s'agite aussi pour des élections de parti et l'on rit aux pieds de la tribune en discutant une constitution dans une enceinte de canons et en présence de l'Europe qui attend tout de la France.

Jadis on annonça dans Thébes que l'ennemi était aux portes de la ville ; et les magistrats, assis à un festin dirent : *à demain les choses sérieuses.* Mais le lendemain la ville était prise ; les magistrats égorgés ; et le peuple , esclave.

Que le passé des peuples serve au présent pour l'avenir.

Cinquième lettre.

> Vive Armagnac ! Vive
> Bourgogne ! Qui donc
> criera vive la France !

La politique c'est la force surtout qui la caractérise. C'est pourquoi il y a en dehors de l'Etat, des partis, chacun avec son chef, son comité, son journal, ses affiliations, sa tactique et quelquefois ses émeutes. Ils luttent contre l'Etat comme corps à corps, et s'il en triomphe il lui en revient une très-grande puissance.

Ce n'est donc pas l'existence même des partis que j'attaque, mais leur fausse direction et leur égoïme. Ils se dirigent pour et par des intérêts qui ne sont pas seulement ceux de la France.

Ils sont sans vertus, sans patriotisme.

Ils se présentent tous néanmoins pour sauver seuls la chose publique ; mais une de leurs règles les plus essentielles, c'est de mentir : et il y a quelque chose qui pour eux passe avant la justice, c'est le succès.

Ils sont sans principes ; l'intérêt c'est leur âme ; ils ne veulent que dominer.

Ils ne jurent ni par la France, ni par l'Europe, ni par la terre, ni par le ciel, mais par eux comme Dieu.

De là une opposition toute de système contre l'Etat, une lutte acharnée pour faire ou défaire des ministères, et une tactique parlementaire ou diplomatique, officielle ou privée, qui n'a jamais en vue la France, mais Bourgogne ou Armagnac.

En Angleterre, où il y a les plus grands vices, il y a cependant des principes en politique et des vertus de parti. En France, il n'y a qu'amour de soi, avec quelque chose de plus, la légèreté. Il y avait autrefois l'honneur avec un dévouement chevaleresque pour le trône ; aujourd'hui , il n'y a plus rien d'héroïque par les actes , et l'on se dirige au hazard pour les idées.

On peut diviser les partis en trois : celui de la droite ; celui du centre et celui de la gauche. Il y en a un quatrième à former pour qu'il règne sur tous par les principes.

Il y a un double but pour chaque parti : 1° le but officiel , qui n'est pas le véritable ; 2° le but caché et qui est le seul vrai.

Officiellement , le parti de la droite n'a en vue que des intérêts moraux ; celui du centre que des intérêts gouvernementaux ; et celui de gauche , que des intérêts libéraux : mais au vrai , ils n'ont en vue chacun que la domination.

Nous allons essayer de caractériser ces trois partis et de montrer leur immoralité et leur impuissance.

Le parti de la droite se sous-divise en trois.

1° Il y a : celui des catholiques , qui a pour chef M. de Montalembert , pour journal l'*Univers* , pour appui quelques évêques , et pour corps d'armée de jeunes prêtres avec des laïques pieux et charitables.

Le parti catholique confond les titres de chrétien et de français , ou d'apôtre et de citoyen , de manière qu'il fait de la politique pour la France comme au nom du Pape, qui est le seul chef des catholiques ; et de la religion pour l'Eglise , comme au nom de la République , qui est la seule souveraine des représentans et des électeurs.

Ce sont là les conséquences graves où l'on tombe toutes les fois qu'on ne fait servir les choses de Dieu que pour César , et les choses de César que pour Dieu.

L'Evangile dit : rendez à César ce qui est à César , et à Dieu ce qui est à Dieu. Mais tout est à Dieu seul, selon le parti catholique , et César n'a pas même le droit d'enseigner la philosophie au nom de la raison, ni la morale au nom de l'ordre public. Ils déclarent hautement que l'Université n'a pas le droit d'être. Ils veulent une philosophie toute faite, ou un symbole qu'on ne démontre pas et qu'il faut croire, comme le disait M. de Montalembert à l'Assemblée nationale, il y a quelques jours.

L'Evangile a dit encore : *Cherchez d'abord le règne de Dieu, et le reste vous sera donné par surcroît.* Mais les apôtres du parti catholique veulent chercher d'abord le *reste*, pour mieux trouver le règne de Dieu. Ils ont foi avant tout aux moyens politiques dont ils se servent pour détrôner *moralement* l'Etat en faveur de l'Eglise.

Ce parti porte donc dans son sein deux grosses hérésies qui suffiraient à elles seules pour corrompre l'Eglise et pour troubler les empires :

1°. Celle de croire que le prêtre doit être homme politique comme prêtre ;

2°. Celle de vouloir que l'Etat gouverne les corps sans les âmes, ou l'ordre seulement matériel, comme si l'âme et le corps ne faisaient point un, naturellement et surnaturellement.

Ce sont là les deux grandes hérésies qui ont fait de M. de Lamennais un factieux avant d'en faire un apostat. Certes cela n'est guère de bon augure pour le parti catholique, lui si fier et si remuant !

Du reste, il est à remarquer que M. de Montalembert, le chef du parti ; que M. de Caux, le rédacteur de *l'Univers* ; que M. de Salinis, le propriétaire de *l'université catholique* ; et que le père Lacordaire, l'orateur des jeunes gens, ont été les plus chauds partisans de M. de Lamennais.

Ceci est plus sérieux qu'on ne pense pour ceux qui connaissent les lois du monde moral et celles de l'esprit de Dieu.

Ce parti n'admet point de droit divin des rois ou la

légitimité : il ne croit qu'à la souveraineté des peuples, ou des catholiques, ou du pape.

2°. Il y a le parti des légitimistes, qui a pour chef M. Berryer, pour journal *l'Union*, pour appui les agens du duc de Bordeaux, et pour armée les anciens nobles et tous les laïques vrais croyants qui savent distinguer les choses politiques de celles de la religion, et ne combattre le gouvernement qu'au nom de la raison publique, au lieu de ne le combattre qu'au nom de la foi.

Il y a une seule religion politique pour ce parti : c'est celle de la croyance au droit, de l'antique fidélité à ses rois et de l'honneur. A ses yeux, il n'y a de salut possible qu'avec Henri V.

Ce parti, pur, loyal, pacifique, est le plus honorable sans contredit ; mais il est sans action.

Il manque aussi de philosophie, et il subit plutôt qu'il n'aime nos libertés ; et surtout celle de la presse, dont il ne se sert pas pour elle, mais pour lui.

3°. Il y a le parti des Réformistes, qui a pour chef M. de Genoude, pour journal la *Gazette de France*, aujourd'hui *l'Etoile*, et pour appui tous les hommes de la droite qui ont plus d'ambition que de fidélité, qui se veulent eux-mêmes avant Henri V ; et qui, s'ils disent : Vive toutes nos libertés, c'est pour dominer par elles.

Ce parti comprend en effet son temps et toutes les libertés du temps ; mais il y a chez lui une malheureuse préoccupation en faveur de l'ordre politique. Il ne voit que la force gouvernementale, et il n'a foi qu'à ceux qui font la loi, ou qui ont un sabre pour la sanctionner. La politique sacrée de Bossuet, n'est pas du tout celle de *l'Etoile*, qui pourtant est gallicane même avec excès, pour être plus forte en ne pensant que comme la France.

L'esprit en effet du parti réformiste est de s'appuyer sur les forces vives de la France ; il n'est pas enthou-

siaste comme *l'Univers* , ni sentimental comme *l'U-
nion*.

Plus positif que les deux , il n'est pas plus philosophique qu'eux. C'est pourquoi il n'a pas vu qu'en
principe et de fait la vie sociale est à la fois indus-
trielle , littéraire , politique et religieuse , et que la
politique ne peut pas diviser ces choses là, mais qu'elle
doit les coordonner pour faire marcher de front toutes les forces vives.

Si le parti réformiste a le dessus , ce ne serait
donc jamais que par violence , que par surprise , que
par erreur ; car s'il fait illusion à plusieurs par son
érudition , par son argumentation et par son activité,
il ne persuade personne. Il est sans science et sans sagesse , et l'on n'a pour lui ni foi , ni amour.

Le parti du centre se divise en trois partis comme
celui de la droite ; ces partis sont les suivans :

1°. Le parti des doctrinaires , qui avait pour chef
hier M. Guizot et aujourd'hui M. de Broglie ou Mi-
chel Chevalier , a pour journal *les Débats* , et pour
appui tous les hommes politiques qui ont l'art d'avoir
des places sous tous les régimes , et de se rendre
habilement les maîtres de ceux qui les ont vaincus.

Ce parti ne comprend guère que le pouvoir. Ses
théories ne s'élèvent pas plus haut , et elles ne descendent pas plus bas. Il n'est ni populaire , ni sacerdotal.
S'il n'opprime pas le peuple , du moins il le méprise ;
et s'il ne persécute pas les prêtres , c'est pour s'en
servir.

2° Le parti des Progressistes a pour chef M. de
Girardin , pour journal la *Presse* , et pour appui tous
les réformistes non pas politiques , mais administratifs
qui ne touchent point aux régions supérieures de
l'ordre moral , ni inférieures du socialisme. C'est un
parti sans génie politique et sans foi religieuse , et qui,
ne concevant rien de grand pour l'avenir des tra-

vailleurs, ni pour celui des croyants, n'est propre qu'à faire ses affaires.

Non plus que le parti réformiste de la droite, il n'a nul égard aux lois de la Providence, qu'il ne paraît pas même comprendre, ce qu'on ne peut pas dire du parti l'*Etoile* : il a donc plus de bon sens et moins de raison.

3° Le parti des ralliés a pour chefs Thiers et Odilon-Barrot, pour journaux le *Constitutionnel* et le *Siècle*, et pour appuis les universitaires et les libéraux de 1830.

Ce parti, depuis sa victoire de 1830, est stationnaire: il appartient véritablement à celui que M. de Lamartine a flétri du nom de *Borne*, et qui avait naguère pour chef M. Duchatel et pour journal l'*Epoque*.

L'alliance Anglaise, au lieu de l'honneur national, la diplomatie au lieu du canon, et la paix à tout prix au lieu de la gloire : c'est là sa politique au dehors. La centralisation bureaucratique, le monopole universitaire et les influences corruptrices par intimidation ou par faveur, par intrigue ou par arbitraire, ce sont les moyens de sa politique à l'intérieur.

Certes si ce parti peut démoraliser la France et la vieillir, ce n'est pas lui qui la sauvera.

Le génie de ce parti, c'est le génie Voltairien, devenu pacifique et même endormeur depuis qu'il a triomphé et qu'il jouit.

Les partis du centre, dominateurs par instinct, accepteraient volontiers un seul chef pour mieux dominer par lui : les doctrinaires, Henri V ; les progressistes, de Joinville ; et les ralliés, Bonaparte, qui entendait en effet la direction morale comme les universitaires, et le gouvernement politique comme les libéraux du *National*.

Une chose fort remarquable, s'il est vrai que le génie d'un peuple révèle ses inspirations, c'est que les jeunes-gens des colléges, qui tous, avant février , étaient contre la souveraineté d'un seul sans celle du peuple , sont aujourd'hui contre le suffrage universel sans la royauté d'un seul. Ils étaient hier républicains , ils sont aujourd'hui royalistes !

3° La gauche se divise aussi en différens partis ; il y a :

1°. Le parti des républicains modérés , qui a pour chef M. Marrast , pour journal le *National* , et pour appui les républicains honnêtes, les étudians aux passions généreuses sans être violentes , et tous ceux qui sont au pouvoir.

Ce parti veut la République dans le sens de la constitution qu'il a présentée : tout à-peu-près comme sous Bonaparte , moins l'Empereur et la censure des journaux. Il n'est pas socialiste ; mais il est centralisateur , monopoleur , bureaucrate. Il gouverne la liberté le sabre à la main.

Il est unitaire , c'est-à-dire absolu.

Impuissant pour résoudre les problêmes si redoutables et du socialisme industriel en faveur du peuple , et de l'émancipation intellectuelle en faveur du clergé , il n'accordera certainement de libertés ni au clergé , ni au peuple ; ou bien il ne proclamera que la séparation absolue du clergé avec l'état , pour que celui-ci n'ait rien de spirituel ; et que l'association absolue des ouvriers avec l'état , pour que celui-ci soit moins politique qu'industriel.

2°. Le parti Montagnard , qui a pour chef Ledru-Rollin , pour journal la *Réforme* et pour appui tous les républicains exaltés par des passions ou irrités par des souffrances , ou enthousiasmés par des vertus patriotiques.

Ce parti , continuateur de Robespierre , pour des mesures non sanglantes , qui ne sont plus nécessaires , et par des vouloirs indomptables sans lesquels une minorité ne peut point réussir , paraît sans foi religieuse ; et ses apôtres se jettent dans les bras de la foule , avec l'entraînement violent des tribuns.

Il est contre les classes sacerdotales, nobles et bourgeoises ; il ne veut que le peuple , mais par des élans de cœur , plus que par des convictions d'esprit : il n'est pas socialiste.

3°. Le parti des Socialistes, se sous-divise en parti de St.-Simoniens , qui ont aujourd'hui pour chef Pierre-Leroux ; pour journal la *Revue Sociale*, pour disciples tous ceux qui veulent faire du socialisme une église et un état , ou une armée sacerdotale et souveraine d'industriels ; en Fouriéristes qui ont pour chef Considérant , pour journal la *Démocratie pacifique* , et pour disciples , tous ceux qui ne font du socialisme qu'un Phalanstère , ou une association volontaire ; en Communitaires , qui ont pour chef Cabet , pour journal le *Populaire* et pour disciples tous ceux qui font du solialisme une famille égalitaire ; et en Economistes , qui ont pour chef Proudhon , pour journal le *Représentant* et pour disciples tous ceux qui font du socialisme une administration à l'usage du sauvage, qui sait qu'il est souverain, et que la terre appartient à tous pour l'usage , et à personne pour la chose.

Le parti des socialistes est donc essentiellement révolutionnaire. Il tend à transformer le monde entier en faveur du Panthéisme, et à la place du catholicisme ; d'une monarchie universelle , à la place de tous les gouvernements ; du phalanstère , à la place de toutes les communes ; et en faveur de la femme libre, amante ou prostituée sans vénalité, et qui, égale à l'homme en tout , aurait droit à toutes les fonctions.

Le socialisme, renversant tout ce qui est, nie donc la providence , le génie humain et la nature : d'où venons-nous ? qui sommes-nous et par qui vivons-nous ? Il ne le sait point.

Le socialisme n'a pour lui ni les principes , ni les

faits ; il n'est qu'idéal ou poétique : C'est une utopie, et jamais ce mot n'a eu un sens plus vrai.

4°. Le parti des ouvriers, qui a pour chef M. Albert, pour journal l'*Atelier* et pour appui le peuple des villes, n'existe encore que dans les grands centres.

Ce parti n'est pas socialiste, mais il le deviendra.

Il n'est pas panthéiste ; il est chrétien sans pratiques. Sa foi religieuse est pleine de préjugés haineux contre les prêtres et fort méprisante contre les observances de l'église : c'est un parti catholique, qui ne va ni à confesse ni à la messe. L'ouvrier catholique des cités populeuses vit, en effet, en protestant ; et cela tient à ce que l'église a été forcée de faire tout payer, même les chaises.

Ce parti s'occupe presque exclusivement des intérêts du peuple, pour qui il ne veut plus d'aumônes volontaires, mais le droit au travail, ou à des aumônes forcées et déguisées.

Tels sont donc nos différens partis qui ne s'agitent pas pour et par la France, mais par qui et pour qui la France est agitée. Ils font des expériences religieuses, administratives, industrielles sur elle, pour en vivre et pour se rendre nécessaires par le mal qu'ils lui font. Oui, à juger avec impartialité la longue et sanglante histoire des partis qui déchirent la patrie depuis 1789, on voit que l'indifférence en religion, la révolte en politique, le scepticisme en science et l'égoïsme en affaires, sont les traits hideux qui caractérisent la plupart d'entr'eux.

La France ne pouvait être heureuse, glorieuse et puissante par eux !

Est-elle moralement comme ses partis ? Non ; et c'est là une de ses plus grandes hontes et de ses plus grandes douleurs d'être l'esclave de quelques-uns, qui se font un jouet et comme un gagne-pain de ses souffrances.

C'est la centralisation , ce sont des bureaucrates , armés d'une verge de fer, qu'ils plongent comme dans la boue , qui seuls ont fait à la France cette destinée de paraître aux yeux de tous ce qu'elle n'est que par quelques-uns, ce qu'elle n'est pas par elle ; c'est-à-dire, gallicane hier , et ultramontaine demain , quoique n'étant que catholique ; démocrate par ce parti , et aristocrate par cet autre , quoiqu'étant républicaine ; sceptique , ou indifférente , selon l'orateur , ou l'écrivain du jour, quoique n'étant que fidèle et raisonnable toujours.

Que dirai-je de plus ? Il y a aujourd'hui des chefs de parti qui , apôtres en actes , et athées en principes ; tyrans contre nous , anarchiques entr'eux , règnent sur les départements par des comités , sur la France par Paris , et sur Paris par une population flottante d'étudians , de commis , de journalistes et de galériens, et qui dépensant plus qu'ils ne gagnent, sont asservis à des passions , à des créanciers et à des maîtresses.

Y a-t-il moyen d'échapper au joug des tribuns et de guérir tous nos maux sans briser nos fers sur leur tête? Nous allons le rechercher dans la lettre suivante où l'on verra comment le géant de la civilisation peut revivre sans écraser contre la pierre ces nains orgueilleux qui, l'ayant enchaînée à leurs pieds dans un moment de vertige et d'erreur , insultent depuis long-temps à ses douleurs profondes.

Sixième Lettre.

Regner, c'est vouloir.

Je ne me charge pas de sauver un peuple sans lui. Il faut qu'il veuille et qu'il fasse ce qu'il veut. Dieu n'abaisse la hauteur des cieux que pour celui qui agit ; mais le ciel est d'airain pour des lâches ; et la terre n'est qu'un lit d'épines pour le paresseux qui y cherche du repos.

Or on ne peut rien politiquement sans un gouvernement ; et, à défaut de celui-ci, sans un parti. Et comme il s'agit aujourd'hui d'avoir avec la charte un gouvernement même ; on comprend pourquoi on ne peut rien sans un parti.

Comment composer et organiser ce parti ?

Il faudrait le composer de ceux de tous les partis, qui veulent avant tout la France et des principes.

Ce parti, pour agir efficacement, aurait son comité central, avec des comités de département, d'arrondissement, de canton et de commune ; et les comités auraient entr'eux la même dépendance que les corps civils auxquels ils correspondraient.

Pour former ce parti peu d'hommes suffiraient même avec peu de bonne volonté, parce que l'action des comités ne serait pas continue, et qu'ils en appelleraient à ce qu'il y a de plus pur, de plus vivace et de plus saint dans les âmes.

Leur voix trouverait de l'écho, et leur action, de l'enthousiasme.

Ils agiraient d'abord pour que les élections fussent faites non pas pour eux, mais pour la France, ou pour que celle-ci eût enfin de véritables représentans, qui, diraient ce que Dieu et un peuple libre veulent.

Chaque comité, organisé pour l'action, aurait un secrétaire pour correspondre avec un journal, ou pour le diriger ; et un caissier pour diriger une société de secours ou pour correspondre avec elle.

Agir avec puissance, en effet, c'est agir à la fois sur le sens, sur la volonté et sur l'esprit, pour plaire, éclairer et maîtriser.

Quant au système d'élections à faire prévaloir dans les esprits, pour qu'il passât ensuite dans les lois, le plus vrai serait le meilleur.

Il y a trois fonctions souveraines : l'élection, la législation et le gouvernement. L'élection n'est pas seule nécessaire, mais elle l'est.

Tout le monde, non plus, n'est pas électeur de droit, mais ceux-là seulement qui ont âge, capacité, vertu et indépendance. Etre souverain, c'est être d'abord libre.

Les élections ayant été faites ainsi par le peuple souverain, et pour de véritables représentans, il faudra que la constitution qu'on fait aujourd'hui, soit revisée.

On proclamera par la constitution tous les droits de l'homme, ou la liberté, l'égalité, l'ordre public, le droit divin et la fraternité ; c'est-à-dire, la liberté pour l'individu, l'égalité pour l'individu associé à l'individu, l'ordre public pour l'Etat, le droit divin pour les églises et la fraternité pour le genre humain.

Sans ces cinq principes, en effet, on mutile le grand corps de l'humanité. Votre charte romp le faisceau sacré de l'association universelle des peuples.

De plus, pour que la France s'organise administrativement au dedans avec toute la plénitude du dehors, la constitution doit déclarer que la famille, la commune et la province ne font qu'un avec la capitale, en conservant, chacun, ses libertés de travail, d'art, d'ordre et de souveraineté.

Nous sommes tous souverains, les individus et les corporations : mais il faut, avec le droit, le fait.

Donc, pour être souverains de droit, il faut, comme nous l'avons déjà dit, avoir force, science, puissance et inviolabilité. Et la loi publique ment si elle dit électeurs ceux qui sont au pouvoir d'autrui, comme mineurs, comme imbécilles, comme esclaves.

Je ne sais donc si les faits ne forceront pas à ne vouloir pour électeurs que ceux qui seront en pouvoir, ou d'enfans, ou de grades, ou de fortune, ou de fonctions inamovibles, parce qu'ils ont seuls souveraineté de fait et de droit.

Nous nous régissons au hasard, et ne semant que du vent, nous recueillerons des tempêtes. Avec la fin, il faut les moyens.

La constitution ayant été créée, il y aura le système gouvernemental à fonder, ou la centralisation d'une part, et le fédéralisme de l'autre, à rompre. Il faut l'unité gouvernementale pour les affaires politiques, avec la variété départementale pour les affaires administratives.

Mais pour toutes ces choses il faut des principes.

Et pour les principes, il y a l'Eglise et l'Université :

Que sont-elles devenues ? Nous l'avons déjà dit.

Il faut donc qu'elles se réforment, et nous allons dire comment.

Il faut que l'Eglise, sortie du peuple, soit peuple toujours, comme son fondateur ; et que, comme le verbe de Dieu, elle se plaise avec les enfans du monde : c'est là un des points les plus essentiels.

Que le clergé de France, sympathisant avec son siècle, décrète donc en concile les articles suivants :

1°. L'Eglise en tant que souveraine, ce n'est ni le pape sans l'église, ni l'église sans le pape, mais les deux et ne faisant qu'un pour être l'ame de tous les peuples.

2°. Nul évêque ne pouvant être plus pour le dio-

cèse , que le pape pour l'église , il faut que tout évêque soit élu , conseillé et jugé légalement.

3°. Les chapitres seront des congrégations de prières , des conseils de législation et des tribunaux de
discipline.

4°. Les prêtres devant vivre par des aumônes , ou
par des dotations , mais jamais par contributions forcées et par vente apparente des choses saintes , les
tarifs des chaises , des enterremens et des mariages
qui faussent l'esprit de l'église , qui attristent les
pauvres et qui scandalisent les saints, cesseront sitôt
que possible.

5°. Qu'il y ait dans chaque diocèse un séminaire non
pas seulement pour des casuistes et des scolastiques ,
ou pour résoudre des cas de conscience autrement que
les curés , et pour disputer sur des hérésies qui
ont fait leur temps ; mais encore pour faire des prédi-
cateurs , des administrateurs , des apôtres , des écrivains , des savans et des saints , qui fondent partout
des conférences philosophiques , des sociétés de bonnes œuvres , des journaux de principes et des associations de prières.

Le mot séminaire ne vient-il pas de *semen* semence?
la plénitude du sacerdoce devrait donc sortir de son
sein : en sort-elle aujourd'hui ? répondez.

Que l'université s'assemble à son tour en concile
de professeurs élus pour proclamer les réformes sui-
vantes :

1° L'Administration n'est pas la seule souveraine : et
les professeurs seront députés tous les ans auprès du
conseil royal et des conseils académiques , pendant
les vacances , pour délibérer sur tous les intérêts du
corps enseignant.

2°. Tout professeur sera agrégé ; tout agrégé , titulaire ; et tout titulaire , inviolable pour le titre et pour
le lieu , hors les cas d'avancement.

3°. La liberté sans conditions pour tous ceux qui re-

noncent aux charges de l'état , et avec des conditions de droit commun , pour ceux qui prétendent
aux charges , doit être accordée au prêtre , au citoyen , à la famille , et aux congrégations autorisées ,
non pas par l'état , mais par leur église : liberté qui
est nécessaire pour que l'université ait des concur-
rens dignes d'elle , pour que les principes les plus
essentiels soient gardés , et pour que le monopole des
intelligences , ou la plus vile et insolente des tyran-
nies , ait sa fin.

4°. La France universitaire, pour ne faire qu'un
avec la France civile , devra avoir des écoles
primaires, pour le village ; primaires et secondaires,
pour la ville ; primaires , secondaires et professionnelles , pour le chef-lieu de département ; primaires , secondaires , professionnelles et transcendantes, pour la cité ou pour la grande ville ; primaires ,
secondaires, professionnelles , transcendantes et universitaires pour la capitale.

Il faut en effet que l'université enseigne à la fois ,
l'éducation , l'instruction , la pratique , les théories
et les systèmes , ou soit à la fois pour le peuple , pour
la bourgeoisie , pour l'aristocratie , pour les sages et
pour les législateurs.

Or , la réforme la plus utile , entre celles que nous
proposons , serait sans contredit de sonder tout un
système d'écoles professionnelles avec des grades : car
on ne peut trop faire aujourd'hui pour les jeunes gens
par des raisons et politiques et sociales. Dites à un
administrateur , à un avocat , à un médecin : Vous
ferez des gradués , sur les lieux mêmes , sous les yeux
des parens , et après les examens sérieux d'un inspec-
teur général qui passera tous les ans au nom des facultés ? Que perdrez-vous à cela ? Que n'y gagnerez-
vous pas plutôt pour la science du professeur, la vertu
des jeunes gens , les progrès de l'art , le bien être
des familles et la décentralisation des influences ?

La province prospérerait enfin sans nuire à la capitale, et de petites villes auraient leur lustre sans obscurcir celui des centres.

Il y a une troisième institution qui découle des deux précédentes, et qui n'est pas à réformer mais à créer par le clergé et par l'université dans l'intérêt surtout des jeunes gens. Je veux parler d'une magistrature intellectuelle, qui aurait charge d'écrire pour la vérité, comme l'autre a charge de juger pour l'ordre.

On comprend en effet que les journalistes de l'État étant inviolables et richement dotés, il y aurait alors une sublime et brillante magistrature ambitionnée par les plus grands esprits et par les plus beaux talens ; et que par conséquent, au lieu d'y avoir comme aujourd'hui émulation pour le scandale, il n'y en aurait que pour la vérité, pour l'honneur, pour l'art, pour la science et pour l'ordre.

L'État n'aurait enfin plus rien à craindre de la liberté, qui ne servirait qu'à la grandeur du pouvoir, et qu'à la gloire des défenseurs de l'État.

Oui, ayez un journal rédigé avec indépendance par des hommes dévoués et de talent, et la presse périodique ne sera elle-même qu'un instrument de règne.

Il nous faut des journaux modèles, avec une haute direction pour les luttes intellectuelles : la presse dont nous parlons vous offre ces modèles et cette direction. Qu'y aura t-il de plus puissant que cette presse ! Et les prêtres, qui sollicitent avec tant d'ardeur pour les Jésuites la liberté d'enseignement, ne devraient-ils pas rechercher avant tout le privilège de régner sur les esprits par la presse officielle ?

La liberté des écoles elle-même ne peut être acquise au clergé que par celle des journaux.

Comment les évêques ne l'ont-ils pas encore compris ?

Reste enfin le socialisme à combattre et des tempêtes populaires à conjurer par la charité.

Or, je dis qu'il dépend des communes d'obtenir ce double et puissant effet dès demain.

En quoi faisant ? deux choses.

1. Se souvenir que l'agréable doit passer après l'utile ;

2. Que la première des choses à administrer, c'est l'homme lui-même.

Et alors, les villes, au lieu de persécuter les sociétés charitables, s'entendront avec elles, pour que le peuple ait son air, son logement et son pain pour des forces, des forces pour du travail, et du travail pour des salaires, avec des secours et des remèdes, s'il manque de forces, ou de travail, ou de salaires.

Qu'il y ait encore un avocat, un médecin et un créancier des pauvres, qui protègent le peuple contre ses oppresseurs.

Organisons enfin une noble phalange de jeunes clubistes, divisés en orateurs pour les sciences sociales, en académiciens pour un théâtre moral et patriotique, et en apôtres pour les bonnes œuvres ; et calculez ensuite toute la puissance de cet organe ?... Les clubs qui épouvantent aujourd'hui les républicains eux-mêmes, suffiraient donc pour le gouvernement social et pacificateur des peuples modernes.

J'ajoute, après de mûres réflexions et avec la conviction la plus grande, que le salut de la patrie est dans les mesures réformatrices que je propose, non pas en secret comme M. Considérant, mais à la face du monde et prêt à y aider pour ma bonne part.

Si j'ai dit que la France était à son dernier âge, cela ne doit décourager personne : car j'entends par cet âge l'âge parfait. Je ne confonds pas la décrépitude avec la vieillesse proprement dite, qui commence à 50 ans, ni la vieillesse de l'individu livré à ses instincts, avec celle de la société, qui vit par beaucoup d'art. Il est facile à un état avec ses lois d'organisation et de gouvernement de vivre sa vie, et de faire de son dernier âge son âge le plus beau.

La plupart des individus ayant abusé de leur vie, ne recueillent dans leur vieillesse que les forces usées des autres âges ; mais il en est autrement des sociétés; et voilà pourquoi les plus grandes choses, surtout en politique et en législation, ont été faites par des hommes qui avaient plus de 50 ans.

Du reste, l'enfance dure 5 ans ; l'adolescence va jusqu'à 15 ans ; la jeunesse à 30 ; l'âge mûr à 50 ; et la vieillesse à 75 : 5, 10, 15, 20, et 25 sont donc les chiffres de la durée des âges de l'individu.

Or l'ame et le corps ne font qu'un ; donc l'âge le plus puissant de la nature physiquement et moralement, c'est la vieillesse.

La vieillesse peut surtout par la sagesse de ses conseils : or les assemblées délibérantes ne sont-elles pas destinées aujourd'hui à être pour la politique, tout ce que la vapeur est pour l'industrie, et le journalisme, pour l'art : que ne peut donc la parole ?

C'est par la parole que tout a été fait, dit l'évangile ; et la parole se confond ici avec la raison. La tribune politique peut donc pacifier le monde, si la sagesse y monte avec le patriotisme. La parole joindra les deux hémisphères ; elle a plus de pouvoir que le glaive.

Lamartine l'a montré en février. Elle calme les flots irrités de la multitude, et elle fait tomber des mains le poignard des conspirateurs.

Septième Lettre.

> Rendez à César ce qui est à César,
> et à Dieu ce qui est à Dieu.

M. Guizot présenta , en 1836, une loi en vertu de laquelle les jésuites étaient libres d'enseigner , et les séminaristes jouissaient de privilèges. Plus tard , M. Villemain en présenta une seconde, en vertu de laquelle les jésuites n'étaient plus libres , mais les séminaires conservaient les privilèges. M. de Salvandy vint ; et, tout en maintenant l'exclusion des jésuites , il assujettit les petits séminaires au droit commun. Enfin, par la nouvelle charte , les grands séminaires eux-mêmes sont sous la surveillance de l'Etat , les petits séminaires seront sans privilèges, et les jésuites seront exclus de l'enseignement.

Voilà les faits ; et le parti catholique ira de défaite en défaite jusqu'à voir consacrer le monopole par les mains de la liberté elle-même.

C'est la République qui couronnera de ses mains la fille de Bonaparte.

Dieu n'était donc pas pour le parti catholique dans la violente querelle qui a été soulevée contre l'Université : voilà ce que dit une foi éclairée par la raison; mais c'est ce que ne disent pas les passions.

Les ennemis de l'Université ont cru que la révolution de février n'avait eu lieu que pour eux : ils le croient encore. J'augure autrement de l'avenir , qui m'effraie plus encore qu'il ne les rassure. Je sais cependant qu'il est dans les mains de Dieu , qui est tout puissant.

Mais voyez Rome, où le pape lui-même est menacé ! Hélas ! en sera-t-il de lui comme d'O'Connell?

la papauté s'exilera-t-elle de l'Europe ? Ce serait à la politique ignorante et opiniâtre des *ultramontains* qu'il le devrait. Ils croient que la foi suffit seule à tout : il faut avec la foi la raison, et avec la religion un peu de philosophie.

C'est avec cet esprit que je vais critiquer un petit écrit, publié à Avignon par M. Seguin, et composé, dit-on, par un jésuite influent.

L'écrit que je réfute n'en vaudrait pas la peine sans doute s'il ne me donnait occasion d'éclairer des préjugés, de combattre des erreurs, et de dire mon opinion sur les jésuites.

Il y a dans tout discours trois choses qui en font le corps, avec une quatrième qui en est l'ame : les trois premières sont les idées, les expressions, les mouvemens ; et la quatrième, c'est la pensée première et dernière des discours.

Je vais juger le petit écrit sous ces quatre points de vue.

Et d'abord pour les idées, il y en a cinq qui le caractérisent et qui révèlent tout l'esprit du parti catholique ; les voici :

1°. Les majorités législatives sont de toutes les forces la plus brutale, et celui qui humilie sa raison devant l'autorité des gouvernemens humains est, de tous les esclaves, le plus vil.

2°. Jésus-Christ a accordé aux prêtres le droit d'enseigner la religion, et avec elle et pour elle les sciences, les lettres, les langues et les arts : on résiste donc à Dieu en leur refusant la liberté d'enseigner.

5°. La charte proposée à l'Assemblée nationale, consacrant le droit pour tout citoyen à un enseignement gratuit qui développe les facultés physiques, intellectuelles et morales, substitue l'Etat à l'Église et force les catholiques à payer le schisme et l'impiété.

4°. La surveillance de l'État s'étendant à tout enseignement, il s'en suit que l'Etat se fait évêque, pape et

Dieu : c'est un hideux communisme, avec les usurpations sacrilèges de Henri VIII, les persécutions d'Elisabeth et les impiétés de Nabuchodonosor et de Caracalla.

5°. L'Etat n'est rien moralement ; il n'y a que l'Église, et que les individus au nom de l'Eglise, qui aient des droits de direction sur les ames ; l'Etat n'en a que sur le corps, depuis surtout qu'il est athée par les lois.

Je vais réfuter en peu de mots ces graves erreurs, dont chacune est grosse d'une tempête civile par l'esprit de résistance qu'elles soulèveraient en europe. La société moderne n'est pas, certes, ultramontaine.

Voici notre réponse.

1. On dit : *vox populi*, *vox Dei* ; pourquoi donc les majorités seraient-elles *une force brutale*? N'est-il donc pas permis d'invoquer en commun l'esprit de Dieu, et d'y délibérer en sa présence ?

Dans les conciles tout s'est décidé par des majorités qui rendirent témoignage en faveur de la majorité des fidèles et selon la maxime de Saint Vincent de Lerins : *quod ubique*, *quod ab omnibus*, *quod semper creditum est*, *id credatur.*

Sans doute un gouvernement humain n'enseigne pas infailliblement ; mais on doit obéissance à ce qu'il prescrit pour l'ordre. Il ne prêche pas la vérité, mais il la professe ou confesse ; et si les sages ne peuvent nous donner foi, ils nous donnent science : or peut-on appeler *vil esclave* celui qui croit parce qu'on le persuade ? La raison qui se soumet à l'autorité se soumet d'abord à elle même ?

Le tout est donc de savoir si les majorités sont raisonnables : mais leur droit de régner au nom de Dieu et pour leur bonne part est incontestable. *Quand vous serez plusieurs assemblés en mon nom je serai au milieu vous.*

2° Le prêtre est libre au nom de Dieu, de l'humanité

et de la nature , mais sans licence ? Et s'il veut se servir de son instruction pour parvenir aux charges de l'état, celui-ci a le droit de juger cette instruction et même de la donner , lui aussi , par des maîtres. Dieu a donné aux prêtres le droit d'enseigner pour la foi , comme aux souverains le droit d'enseigner pour l'ordre.

Or, s'il ne m'est point permis d'enseigner dans l'église sans ses conditions, pourquoi serait-il permis d'enseigner dans l'état sans les conditions de l'état ? L'état n'aurait donc pas même les droits de famille ?

3°. L'écriture sainte dit : « achète la sagesse à tout prix , mais ne la vends pas » : Nous concevons donc un enseignement gratuit de l'état. Et il ne s'en suit pas du tout que l'état se substitue à l'église , qui sera elle-même libre d'enseigner comme elle l'entendra.

La charte ne dit pas plus que l'état enseignera seul la morale et les sciences , que l'évangile ne dit que l'église enseignera seule la religion et les lettres. Il faut la liberté pour tous et pour toute chose, mais n'user de cette liberté que pour le bien.

Il est donc absurde d'ajouter que les catholiques seront forcés d'étudier, et de payer le schisme et l'impiété qui ne sont permis à personne.

Les catholiques , paient en effet des contributions, dont l'état se sert pour avoir des préfets et des professeurs croyans ou impies : demandez donc qu'il n'ait que de bons préfets et que des professeurs croyans ; mais ne lui contestez pas son droit à vos contributions.

4°. Surveiller n'est pas enseigner ; ce n'est pas même régler, ni juger l'enseignement : ce n'est que vous visiter. Qu'y a-t-il là de si alarmant , surtout, si, comme il le doit, l'État ne vous surveille que pour l'ordre public.

Il faut entre les enseignemens rivaux la liberté et l'égalité, sans inspection de la part de l'un des deux.

Quoiqu'il en soit , la surveillance n'est pas le *com-*

munisme, et l'état ne se fait pas Evêque, Pape et Dieu. Il ne ressuscite point les temps de Henri VIII, d'Elisabeth, de Nabuchodonosor et de Caracalla.

5°. l'État n'est pas catholique forcément comme il l'était par la charte de 1814 ; il ne s'en suit pas qu'il soit forcément athée par celle de 1848 et de 1830, comme la droite et la gauche ne cessent de le dire ?

Il est libre comme les citoyens : c'est tout ce qu'il y a dans les nouvelles chartes.

En d'autres termes, il n'est pas athée, mais laïque, comme l'a dit M. Guizot. Il était l'évêque du dehors par la charte de 1814, qui le liait comme un vœu ; il s'est sécularisé ; il a rompu son vœu par les chartes de 1830 et de 1848 : il est libre.

Or, s'il veut enseigner, n'aura-t-il pas le droit d'avoir une religion, ou d'être catholique librement comme la majorité souveraine des Français ? Qu'on lise bien les nouvelles chartes, et l'on n'y trouvera que la liberté d'être religieux en politique et en administration, ou de ne l'être point. Vous voulez, vous, la servitude de l'Etat en faveur du catholicisme ou de l'athéïsme : moi, je veux sa liberté.

Quant à la distinction qu'on fait des ames, qui appartiennent à l'église, et des corps, qui appartiennent à l'état, elle est fort absurde : car l'ame et le corps ne font qu'une seule personne ; et l'ame sans le corps n'est pas plus humaine que le corps sans l'ame. La division des deux c'est la mort humainement : quel droit fonderez-vous alors ?

Il y a un état naturel et un état surnaturel ici bas, mais pour l'ame et pour le corps unis ; et ce sont ces deux états qu'ont en vue la raison et la foi, le sage et le prêtre, le gouvernement et l'église : voilà la vérité.

Je viens d'exposer et de réfuter brièvement les erreurs les plus graves et inspirées au parti catholique par des jésuites ultramontains, dont le monde réprouve le corps à cause d'eux seulement.

Des erreurs ne sont pas cependant des crimes, et quelque fois même ce ne sont pas des fautes, qui empêchent des religieux d'être saints : mais si elles menacent les pouvoirs sociaux, il n'est pas étonnant qu'ils s'arment contre elles.

Quel est le style de l'écrit que je critique?

Il est comme les idées, exagéré et faux à cause de sa violence seule.

L'auteur s'écrie, au sujet de la surveillance de l'Etat : » Donc l'Etat est évêque ! donc l'Etat est » pape ! donc l'Etat est Dieu ! et c'est à lui de dire : » *les mondes sont à moi et tout ce qui les habite.*

» L'Etat évêque et pape, c'est le plus absurde et » immoral des schismes.

» L'Etat Dieu ! c'est la plus monstrueuse impiété, » ce fut celle de Babylone, au temps de Nabuchodo- » nosor, et celle de Rome aux jours de Caracalla. »

Il n'y a rien de plus exagéré et de plus faux que ce ton.

Au sujet du droit à l'instruction gratuite, l'auteur dit :

» Usurpation sacrilège, schisme absurde, despotisme » monstrueux et hideux communisme ! »

C'est de la violence jusqu'au ridicule.

Quel est le mouvement des pensées et des phrases? C'est sans ordre que la plupart des pensées se lient, ou sans lien qu'elles se suivent ; et le mouvement des phrases trahit la violence toujours.

Exemples : de ce que les majorités ont erré en choses graves l'auteur conclut qu'elles n'ont pas le droit d'enseigner, ni de faire des lois pour l'enseignement. Il pouvait conclure qu'elles n'ont le droit de rien.

« Quiconque, en ces matières, dit l'auteur, abaisse « sa raison devant l'autorité humaine, *de tous les* « *esclaves est le plus vil.* »

La fin de cette phrase est caractéristique par sa tournure.

Venons à la pensée mère de l'écrit.

On ne veut pas d'Université, ni d'Etat enseignant, parce qu'on voudrait une monarchie universelle des papes, de qui tout ordre scientifique, littéraire et moral relèverait comme les âmes dont il est l'instituteur, le juge et le roi.

Or nous avons déjà dit toute l'illégitimité d'un tel droit. Quant au fait même de vouloir tuer l'Université, il est le plus impolitique que je sache, quand l'Etat, qui porte le glaive est sous les mains de l'Université, comme les rois d'Egypte étaient sous celles du collège sacré, ou l'empereur de Chine sous celles des lettrés. L'Université préside seule dans le fauteuil des académiciens, pérore seule dans la chaire des facultés, dogmatise seule dans la tribune des journaux, et gouverne seule dans les bureaux de l'Etat : dire donc à l'Etat qu'il livre l'Université et qu'il se livre lui-même pour qu'on lui arrache l'âme, pour qu'il ne reste de lui qu'un cadavre, c'est vouloir en vérité ne pas obtenir la liberté même avec le droit commun.

On croit dans le monde que les jésuites sont les plus habiles et les moins saints de tous les hommes : c'est le contraire plutôt qui est seul vrai. Je vais dire pourquoi.

Je les crois saints : voici mes preuves aussi simples que puissantes.

1° On dit : tel père tel fils ; or il est certain que, de tous les pénitens, les plus exemplaires dans les villes sont ceux des jésuites.

2° On dit : le style est l'homme et la littérature l'expression de la société ; or les jésuites sont, de tous les orateurs et de tous les écrivains, ceux qui inspirent le mieux la foi à leurs auditeurs et la piété à leurs lecteurs ; donc ils ont foi et piété eux-mêmes.

3° Le corps révèle l'âme ; l'extérieur, l'intérieur ;

or par leur visage, par leur démarche, par leurs paroles, par leur cellule et par leur table, les jésuites
montrent à tous que leur âme est sainte.

4° Il y a bien des années, que les jésuites gémissent
sous le poids d'un anathème fort injuste ; et ils sont
libres d'écrire, de voter et même de conspirer : or,
depuis un siècle, il n'y a pas eu d'écrits qui les ait
fait citer devant les tribunaux, ni d'intrigue électorale
qui les ait fait triompher pour abuser, ni de conspira-
tion qui les ait fait monter sur des échaffauds : d'où je
conclus qu'ils sont ou saints ou foux ; mais, certes,
ce ne sont pas des scélérats comme on le suppose
dans le monde.

Les jésuites manquent de philosophie ; ils ne sont
que théologiens : c'est là la source de leurs erreurs et
des maux qui les accablent.

Il ont méconnu : 1° que le Verbe de Dieu s'étant
fait chair, et les pères de l'Eglise ayant été presque
tous des philosophes convertis, la science doit reposer
sur les livres du prêtre, la philosophie compléter la
religion, et la sagesse naturelle perfectionner la
sainteté.

2°. Ils ont méconnu que Dieu est un en trois personnes; l'homme, un en trois puissances, et la société,
une en trois règnes, qui sont : l'état, la commune
et la famille d'où il suit que l'Eglise, qui vient de
Dieu, qui est faite pour l'homme et pour la société,
doit, elle aussi, être une en trois personnes, ou une
personne en trois puissances, ou une puissance en
trois règnes : la papauté n'est donc pas seule souveraine dans l'Eglise, non plus que la raison dans l'âme,
qui a de plus la conscience et la liberté, ni la tête
dans le corps, qui a de plus son cœur et son estomac.

En fait, les évêques assistés de prêtres docteurs et
représentans des fidèles, sont seuls juges et témoins
de la foi, dans le concile assemblé ou dispersé de

l'Eglise ; et les papes sanctionnent ensuite ou d'avance le jugement des évêques.

Voilà le plus grand fait historique et qui seul concilie toutes les opinions , en fondant le droit catholique par une souveraineté ecclésiastique , qui s'accorde avec la foi , avec la raison , avec Dieu , avec l'homme et avec les tems. Au lieu d'être catholiques avec moi de manière à plaire à tous , vous me traiterez d'hérétique ; et moi , je dis que vous n'êtes qu'absurdes.

3°. Ils ont méconnu , que progressif, comme tout ce qui a vie , un ordre religieux doit marcher avec le tems , et se modifier comme l'Eglise et les Etats , non pour le fond mais pour la forme.

4°. Ils ont méconnu que, persécutés par la philosophie, et vaincus par des encyclopédistes, ils devaient, en justice providentielle , se réhabiliter par l'esprit philosophique lui-même , et vaincre le siècle par des encyclopédies , ou par ses propres armes : ce qu'on appelle en style biblique , écraser la tête du serpent.

5°. Ils ont méconnu , qu'institués pour et par les conseils évangéliques , leur ordre doit être pauvre plutôt que riche , dépendant et non indépendant des évêques , et l'humble auxiliaire , et non pas le rival et le maître des curés.

6°. Enfin , ils ont méconnu , que la grande gloire de Dieu , pour laquelle ils vivent , demande un zèle selon la prudence , pour qu'il leur mérite la bénédiction des enfants mêmes du siècle , et non la malédiction des enfants mêmes de Dieu.

Les Jésuites errent en fait surtout de souveraineté ; et voilà pourquoi on loue leurs vertus et l'on repousse leur ordre.

Le mal des sociétés n'est pas la concupiscence, mais l'ignorance , nous l'avons déjà dit.

C'est par la tête , que l'homme se distingue. Les idées nous entraînent comme des coursiers , un char;

et elles nous maîtrisent, comme des guides, les coursiers.

La lumière qui féconde les champs, comme la foudre qui embrase les forêts, descendent d'en haut ; c'est des régions supérieures de l'air, que viennent le calme et l'orage : seuls, les principes, vrais ou faux, règnent sur les intelligences libres.

Archimède demandait un point d'appui pour soulever le monde ; et Descartes, de la matière et du mouvement pour en faire un autre : Eh bien, le levier d'Archimède avec la matière et le mouvement de Descartes, consistent aujourd'hui, dans l'ordre moral, à avoir surtout une raison philosophique pour concevoir des principes, une parole éloquente pour les exprimer et un cœur généreux pour les défendre.

Les Jésuites disent de leur ordre : *qu'il soit comme il est ; ou ne soit point;* et moi, je dis : qu'il soit comme il n'est pas, pour qu'il soit.

On ne veut pas que vous enseigniez, écrivez : et au lieu de collèges, fondez des journaux, pour prouver que comme apôtres, vous avez le droit d'enseigner en vous soumettant aux lois ; qu'en vertu de la liberté des cultes et du jugement des évêques, vous avez le droit d'être jésuites ; et que vous répondez aux lois, de tous vos actes qu'elles peuvent atteindre.

L'opinion est reine du monde, et le journalisme, roi par elle.

Huitième Lettre.

> La justice élève les nations et
> le péché les renverse.

J'ai jugé les jésuites, leurs doctrines et leur institut à l'occasion d'un petit écrit : je veux dire ce que je pense des légitimistes à l'occasion d'une élection qui vient d'avoir lieu dans le département de Vaucluse.

1°. Qu'est-ce qu'ils ont fait pour cette élection, 2°. qu'est-ce qu'ils devaient faire, 3°. qu'est-ce qu'ils n'ont pas voulu faire. C'est sous ces trois points de vue que je censurerai la conduite de leur parti.

1°. Qu'ont-ils fait ?

Ils ont abandonné M. d'Olivier leur chef, qui s'était dévoué tant de fois pour eux, et surtout en étant leur candidat comme maire, sous Louis-Philippe, qui le destitua, et plus tard comme concurrent, sans aucunes chances, sous le régime très-corrupteur des conservateurs.

Or les siens l'ont abandonné au moment où par l'annulation solennelle de l'élection de M. Gent, son rival politique, il était le plus certain de triompher.

Qui ont-il présenté à la place du plus honnête citoyen que je connaisse ? Un jeune candidat fort honorable sans doute, mais qui par ses principes et surtout par ses luttes ne pouvait pas, certes, porter bien haut le drapeau du clergé, et à qui il était permis à peine d'arborer celui de la droite.

C'était une brillante candidature sous bien des rapports, mais fort malheureuse pour le moment présent. Elle ne pouvait ni réchauffer le zèle des légitimistes purs, ni enhardir le courage des prêtres : indifférente aux uns et compromettante aux autres, elle avait encore l'inconvénient grave de transporter la lutte de l'ordre moral dans l'ordre politique, pour n'y mettre en présence, aux yeux du peuple qu'un républicain et qu'un *aristocrate*.

Il y a dans chaque parti une population flottante, qui est pour vous, ou contre vous, ou neutre, selon que vous parlez bien ou mal, ou ni bien ni mal à ses passions.

Tous les noms ne conviennent donc pas en temps de république à la classe des incertains, qui, se sont jetés du côté des démocrates, ou qui n'ont pas voté.

Comment s'y est-on pris pour faire adopter la nouvelle candidature par le département?

On s'est contenté de la poser, tout s'est fait en comité privé : c'est ainsi que l'on comprend la république et le suffrage universel!

Ce sont six hommes qui sans aucune mission, et même contre toute mission du parti, ont patrôné une candidature à laquelle les représentans officiels et naturels des ouvriers en préféraient une autre, sans avoir le courage de leurs affections.

Or, en se dirigeant ainsi on ne peut avoir Dieu pour soi.

Qu'a-t-on fait pour avoir l'opinion du département? y a-t-il eu action véritable pour lutter contre l'action organisée et incessante de l'administration? Non, ceci m'amène tout naturellement à ma seconde question.

2°. Qu'est-ce qu'on devait faire ?

Les hommes politiques qui méritent ce nom, savent qu'il faut chercher à avoir en sa faveur Dieu, les choses et les hommes influens.

Or on n'aura jamais Dieu qu'en gardant les lois de la justice; on n'aura jamais les choses qu'en ayant égard aux temps; et l'on n'aura jamais les hommes qu'en leur parlant.

Il fallait donc ouvrir des clubs pour entendre les orateurs et pour discuter les candidatures; et, après en avoir adopté une, organiser en sa faveur des influences réelles dans le département.

Il s'agite des intérêts assez graves aujourd'hui pour qu'il vaille la peine de faire les élections sérieusement et de les faire en faveur des plus dignes.

3°. Qu'est-ce qu'on n'a pas voulu faire : c'est ma troisième question.

Or ce qu'on n'a pas voulu, c'est d'abord être reconnaissant. Je vais dire tout ce que je pense, pour faire apprécier les hommes de la droite.

Un homme, victime innocente du gouvernement déchu, pour avoir voulu faire trop de bien surtout au peuple, était venu, après cinq ans d'exil, demander à ses amis politiques et religieux le prix de ses longues douleurs endurées pour eux. Il savait que les partis ne refusèrent jamais ce prix à qui le demanda : les hommes de la droite le lui ont refusé.

Ils n'ont pas même daigné l'appeler pour l'entendre une fois, ne fut-ce que pour en obtenir un désistement généreux cordial et pacifique.

Est-ce là une conduite digne d'un grand parti? Saint-Augustin dit que l'empire fut accordé aux Romains à cause de leur justice : Qu'est-ce donc qui vous sera accordé à vous?

C'est pour des élections municipales, que M. Pascal disait favorables aux légitimistes, pour une conversion de deux luthériens désagréable aux protestans, et pour une société de bonnes œuvres accusée par le *Constitutionnel* d'être politique et même affiliée aux jésuites, que l'homme dont il s'agit fut lâchement calomnié et brutalement disgracié par ceux qui ne voulaient l'arracher à sa chaire de professeur et à son apostolat de bonnes œuvres que pour empêcher les influences religieuses et morales d'un parti.

Les voltairiens faisaient leur devoir contre lui : mais les croyans devaient-ils oublier celui qui a souffert pour eux, et qui, en arrivant à son nouveau poste,

avait eu le courage de publier et de signer un mémoire
pour montrer aux professeurs que la liberté les inté-
ressait d'abord eux-mêmes.

Evidemment il compromettait et son présent et son
avenir aux yeux d'une administration inquisitoriale et
haineuse , qui tient sous la ferule de ses inspecteurs ,
sous la verge de ses commis , et sous le glaive de ses
conseillers tout le corps des professeurs qui sont sans
titres ou à titres provisoires.

Le captif ne pouvait donc briser ses fers que par la
représentation.

Qu'est-ce que ses amis religieux et politiques d'Avignon ont fait pour cela ?

Demandez plutôt ce qu'ils n'ont pas fait pour que
son exil soit éternel ?

Ils ont osé lui demander compte d'être de l'Université ! Ils n'ont donc pas vu qu'à cause de son titre
même , il avait , lui surtout , mission et puissance
pour demander la liberté.

Vous croyez que M. de Montalembert vous sauvera:
vous faites beauceup de bruit pour lui , et il en fait
beaucoup contre nous : Mais dans quel monde ? Le
monde officiel n'est que pour nous à cause de vous
principalement. La liberté sans nous eût été accordée , il y a déjà long-temps.

O aveugles ! c'est votre cœur qui vous trompe.
Vous êtes sans amour , et vous n'avez pas su voir que
la candidature que vous repoussiez avait sa valeur
pour le moment.

Versé dans l'étude des sciences sociales , et même
habitué aux improvisations de la chaire des colléges ,
de la tribune des clubs , il avait une certaine vocation
pour le titre de *constituant* qu'il n'ambitionnait pas,
certes, comme un honneur , mais comme une charge ; comme une faveur , mais comme un péril.

Il aurait voulu ne faire de la politique qu'un apostolat et vous ne l'avez pas compris.

Il était l'homme des ouvriers, pour qui il s'est long-temps dévoué ; des jeunes gens, avec qui il a toujours vécu ; des prêtres dont il a pratiqué et défendu partout la foi ; et de tous les hommes d'ordre, parce qu'homme de principes, il n'eût jamais fait à l'Etat une opposition de parti.

Avec une telle candidature, le clergé aurait pu agir sans se compromettre ; et il eût suffi de son action pour assurer le succès d'une élection dans laquelle il ne fallait plus que douze mille votans.

Je termine mes considérations toutes en vue de l'ordre moral par les paroles remarquables d'un chef de la droite d'Avignon.

Il disait : « Si les sentimens du bien, si l'idée du devoir, si les vertus publiques et si la foi religieuse ne renaissent dans les cœurs par les lois elles-mêmes, c'en est fait de la France.

Je demande aux légitimistes, aux catholiques d'Avignon, si c'est en conséquence de ces paroles qu'ils ont agi.

Ils ont voulu un succès pour un parti, et non pour la France. C'est pour les passions qu'ils font de la politique, et il ne faut en faire que par et pour les principes.

Lisez les journaux d'Avignon : ils écrivent non pas avec une plume, mais avec une épée. Si on les laisse faire, le département ne sera qu'un champ clos de lutteurs. Comment traitent-ils l'autorité ? ils appellent le préfet un fantôme, un soliveau de préfet, un *cul de jatte administratif* : Ce langage n'est pas moral.

Un homme de plus ou de moins dans une assemblée nationale, peu importe ; mais ce qui importe à un parti, c'est de ne pas trahir ses principes, pour ne pas tourner contre lui la providence, la nature et l'opinion.

M. Gent, dont l'élection avait été cassée pour
crime de manœuvres électorales et à l'unanimité, par
l'Assemblée nationale, a été réélu avec une majorité
de 3,000 voix. Son concurrent n'a eu que 9,000 voix
sur 65,000 électeurs, dont la plupart sont légitimistes.

Neuvième Lettre.

CONCLUSION.

Nous croyons avoir exposé avec vérité tous les
maux de la France et les seuls remèdes contre ces
maux.

On s'agite beaucoup et la France souffre toujours
parce qu'on ne voit pas les maux où ils sont véritablement.

Ils sont profonds et l'on s'arrête à l'extérieur ; ou,
pour parler plus clairement, ils sont dans les hau-
teurs du monde moral, et l'on se bat avec fureur
dans les régions inférieures de l'humanité.

Ce n'est ni avec des barricades que vous détrônerez
le vice, ni avec des balles empoisonnées que vous
changerez l'opinion : il faut d'autres armes.

Mais ceux qui emporteront vos barricades d'assaut
et qui auront rendu vos balles impuissantes contre
leurs poitrines ne seront pas plus avancés que vous.

C'est avec des principes, ou avec la vérité et le
patriotisme seuls qu'on sauvera la chose publique.

Le bien et le mal luttent pour un empire éternel
sur l'homme, qui est libre : voilà le grand mot de
l'histoire.

Or le bien a pour représentant l'esprit de Dieu ; et
le mal, Lucifer ; et si vous n'obéissez pas librement
au premier, vous serez livrés au second en esclaves.

Il faut que vous ayez l'un pour père , ou l'autre pour tyran.

A toutes les époques, à côté d'une grande vérité il y a une grande erreur qui tend à régner sur les hommes. Le catholicisme veut aujourd'hui régner sur tous les peuples ; mais le socialisme est venu pour disputer l'empire.

Le socialisme , si doux et si cruel , si pieux , et si athée n'est qu'un serpent que la France rechauffe ; et le monstre déchirera, tôt ou tard, le sein qui l'a porté et il dévorera la substance de sa mère : c'est là tout ce que le communisme signifie.

Le socialisme n'a rien moins que l'ambition de refaire le monde pour y dominer seul.

Chose remarquable ! il y a eu quatre époques principales , celles des familles, des communes, des empires et des églises ; et , à chacune d'elles , une lutte des plus effroyables du génie du mal contre le génie du bien.

Aujourd'hui , il y a une cinquième époque pour faire fraterniser les peuples par un règne universel de Dieu ; et le socialisme est là pour les faire fraterniser sans Dieu et contre Dieu.

On ne peut , en effet , sans s'aveugler , méconnaître ces grands faits correspondants et opposés de l'ordre moral , dans l'histoire surtout des religions , qui président à cet ordre.

Car, à la première époque , il y eut pour les familles , la religion d'un Dieu , auteur des choses de la nature ; et avec elle , le fétichisme , qui faisait un Dieu de chaque chose de la nature ; à la seconde époque , il y eut pour les cités la religion d'un Dieu inspirateur des beautés de l'art , et avec elle l'idolâtrie , qui divinisait ces beautés ; à la troisième époque , il y eut pour les états la religion d'un Dieu , législateur et Seigneur des armées , et avec elle le gentilisme qui adorait les forces mêmes de la société ; à la quatrième époque, il y eut pour l'église la religion d'un Dieu fait homme, et avec elle le Mahométisme, ou religion d'un homme fait presque Dieu. Enfin à la cinquième époque il y a pour le genre humain la religion d'un Dieu en trois personnes, qui, résumant tous les temps, veut prendre possession du monde entier sous le nom de catholicisme, et avec elle, le panthéisme, ou religion d'un Dieu, grand-tout, qui consacrant toutes les erreurs et légitimant tous les vices, veut dominer partout sous le nom de socialisme.

Il y a donc une aspiration sublime des peuples à l'unité. Mais où sera le grand centre du système? à Rome, dit la foi; à Constantinople, répond l'esprit d'erreur, qui se réfugia dans cette ville avec les empereurs cédant leur trône au vicaire de Jésus-Christ.

Y a-t-il encore assez de vie au cœur de l'Europe pour qu'elle préside à l'époque la plus parfaite de la civilisation? Oui, mais avec la papauté; non sans la papauté.

L'histoire nous montre la civilisation régnant successivement en Asie avec les familles; en Afrique avec les cités; en Europe avec les empires; et en Amérique avec l'Eglise, pour, de là régner enfin sur le monde entier : mais pour un règne universel il faut un centre. Et ne sera-t-il pas dans l'Europe, qui est appelée le cœur du monde, dont l'Amérique est comme la tête? Nous croyons que le catholicisme étant surtout charité doit avoir son principal siége en Europe.

La civilisation de l'Europe avait péri naturellement avec l'empire romain, et si l'Europe s'est survécue à elle-même, c'est par les papes seulement.

Donc, si Rome cesse d'être chrétienne, l'Europe redeviendra idolâtre et barbare.

Donc, le socialisme ne peut rien pour l'Europe, ni celle-ci pour le monde qu'avec et que par le catholicisme.

La papauté empêchera seule les Cosaques d'envahir nos régions, et elle nous préservera seule des communistes, ces autres cosaques que la France a dans son sein.

O ouvriers de Paris et vous socialistes, qui les trompez pour réussir par eux, vous vous faites un jeu des destinées de la patrie par la centralisation qui vous rend tout puissants : mais vaincrez-vous la justice de Dieu ? Les Russes, associés à des Anglais, vengeront les bourgeois.

C'est pour une invasion de barbares que vous élevez vos barricades et que vous allumez vos guerres fratricides.

Enfants d'une même patrie, écoutez un français et un ami.

D'autres pourront vous parler avec plus d'éloquence et de savoir ; mais il n'y en aura pas qui vous parlent avec plus d'amour, de conviction, de désintéressement, de patriotisme.

CLÉOBULE DE RHODES.

FIN.

www.ingramcontent.com/pod-product-compliance
Lightning Source LLC
Chambersburg PA
CBHW070942280326
41934CB00009B/1977